AF363917

THÉATRE ITALIEN

LETTRE

ADRESSÉE A

M. LE MINISTRE DES BEAUX-ARTS

PAR

AMÉDÉE VERGER

PARIS

IMPRIMERIE DE GEORGES KUGELMANN

13, rue du Helder, 13.

1872

A Monsieur le Ministre des Beaux-Arts.

4584

Paris. le 20 juin 1872.

Monsieur le Ministre,

Une question des plus graves pour mes intérêts est en
ce moment soumise à votre examen, et sur le point de
recevoir une solution définitive. C'est la question du
Théâtre-Italien. La Commission consultative instituée
par vos soins a donné à ce sujet un avis contraire à mes
prétentions que je crois fondées, et qui atteint sérieusement mes plus légitimes espérances. Avis, du reste, con-
forme aux intentions exprimées par vous, Monsieur le
Ministre, et contre lequel cependant mon devoir le plus
impérieux est de réclamer, en raison de la situation qui
m'est faite, des engagements que je n'ai pu me dispenser
de prendre, et que je ne puis plus me dispenser de rem-
plir.

****

L'avis de la Commission, le vôtre, Monsieur le Ministre,
est de donner le privilége du Théâtre-Italien, non à moi
qui croyais avoir tout fait pour le mériter, mais à un

compétiteur dont la candidature s'est produite au dernier moment, alors que le Théâtre-Italien, relevé par mes efforts, se trouve dégagé de tous les embarras contre lesquels j'ai eu à me débattre; — alors que cette scène brillante, dont les destinées préoccupaient à si juste titre le Gouvernement et la haute société parisienne, se trouve, grâce à mes soins, reconstituée; — alors que j'ai eu le bonheur de lui conserver ses éléments essentiels : son orchestre et ses chœurs, menacés d'une inévitable dissolution; — alors que j'ai fait le plus difficile de la besogne, accompli une résurrection dont tout le monde désespérait, affronté courageusement tous les hasards, couru tous les risques, accepté toutes les charges d'une entreprise qui ne tentait personne, qui effrayait les plus hardis et dont, en définitive, les résultats se chiffrent, ainsi que j'ai eu l'honneur de l'établir aux yeux de votre administration, par une perte de près de cent mille francs...

Cette candidature préférée à la mienne, n'ai-je pas, Monsieur le Ministre, le droit de la combattre, et me trouverez-vous trop hardi de chercher à éclairer votre religion sur les droits que je crois avoir à votre équité de faire valoir les titres que j'ose me flatter d'avoir acquis à votre bienveillance ?

Les faits qui ont marqué ma prise de possession de la salle Ventadour me paraissent justifier pleinement la réclamation que j'ai l'honneur de vous adresser. Permettez-moi, Monsieur le Ministre, de les rappeler à votre souvenir :

*
**

C'est au commencement du mois de janvier dernier que je me présentai à la direction des Beaux-Arts, pour obtenir le privilége de la subvention devenu vacant par suite de la retraite de l'ancien directeur des Italiens. Je m'étais déjà mis en rapport avec M. Masson, administrateur de la salle Ventadour et M. Bagier, pour régler les conditions de la location de la salle et de la reprise du matériel d'exploitation de l'ancienne direction ; de sorte que le 19 janvier j'étais à même de vous écrire la lettre suivante :

Paris, le 19 janvier 1872.

A Monsieur le Ministre des Beaux-Arts.

J'ai l'honneur de solliciter de votre bienveillance le privilége du Théâtre-Italien, vacant en ce moment.

Pour me conformer aux conditions de cahier des charges imposé aux directeurs de ce théâtre, j'ai traité du bail de la salle Ventadour avec la société propriétaire, et je suis en mesure d'acquérir le matériel de M. Bagier, ancien directeur. J'ai fourni à M. le Directeur des Beaux-Arts la preuve que j'avais rempli ces deux conditions.

Je dois ajouter, Monsieur le Ministre, que j'ai à ma disposition un capital en rapport avec une exploitation aussi importante. Il me permettra d'attacher au Théâtre-Italien des artistes de premier ordre, et de m'entourer d'un personnel capable et vigilant.

Enfin, Monsieur le Ministre, ayant dirigé longtemps le premier Théâtre-Italien de l'Espagne, et me trouvant depuis seize ans à la tête de la ples importante agence théâtrale italienne de Paris, j'espère assurer le succès de mon entreprise, la rendre digne de la bienveillance de l'Assemblée nationale et du chef de l'Etat, et justifier ainsi la confiance dont je vous prie de vouloir bien m'honorer.

J'ai l'honneur, etc., etc.

Signé : A. VERGER.

.*.

Ainsi que j'avais l'honneur de vous l'annoncer, j'avais communiqué mon projet de bail à la direction des Beaux-Arts, qui me fit quelques observations sur les conditions, qu'elle trouvait trop onéréuses, le prix du loyer surtout, et, en présence de M. Bagier, je lui fis la déclaration que j'étais prêt à reprendre le matériel de ce dernier, suivant l'article 15 de son cahier des charges, qui allait devenir le mien.

Dans cette situation, l'administration des Beaux-Arts me déclara formellement que je pouvais compter sur son concours dans la limite des votes de l'Assemblée natio-

nale, et elle m'autorisa verbalement, en présence de
M. Masson, intéressé dans la question, à traiter du bail
de la salle Ventadour.

Certain désormais du concours de l'administration su-
périeure, je n'hésitai plus à rendre définitive la promesse
que j'avais des propriétaires du théâtre, et, le 31 janvier,
je signais un bail de dix ans et sept mois, j'en payais
immédiatement tous les frais qui sont fort élevés ; je
payais une année d'assurances (plus de 10.000 fr.) et je
dépensais en quinze jours, somme égale pour réparer les
dégâts faits à la salle, convertie en ambulance pendant le
siége et sous la Commune.

Le bail que je venais de signer ne m'obligeait pas à
ouvrir immédiatement le théâtre. Moyennant une faible
indemnité payée aux propriétaires, je n'étais tenu de
l'ouvrir que te 1er octobre prochain. La direction des
Beaux-Arts le savait, puisque le bail lui avait été communiqué, et ce fut elle qui mes hésitations en m'en-
gageant à ouvrir de suite, ne fût-ce que pour sauver
la subvention, sérieusement compromise par un chômage prolongé, et qui pouvait disparaître pour toujours,
si l'Assemblée en repoussait une seule fois le principe.

Confiant dans ces paroles encourageantes, certain d'un
concours que l'on ne me marchandait pas alors, je me
décidai à ouvrir le théâtre. Je le fis dans les conditions
les plus mauvaises. La saison des Italiens proprement
dite était à peu près finie, le public allait nous échapper;
les artistes engagés à Vienne, à Saint-Pétersbourg, at-
tendus à Madrid, à Londres, etc., nous faisaient défaut.
La salle était dans un état de malpropreté indescriptible
Tout se liguait contre moi, et il me fallait plus que du
courage, il me fallait de l'audace pour tenter une pareille
entreprise.

Je le fis cependant pour seconder les vues de l'administration, convaincu qu'elle ne me ferait jamais défaut, et
qu'elle me permettrait, dans un avenir prochain, de réparer les pertes que me présageait l'épreuve que j'allais
tenter.

Je fus fortifié encore dans ma résolution et dans mes
espérances par les paroles flatteuses que vous daignâtes,
Monsieur le Ministre, m'adresser le soir de notre pre-

mière représentation, paroles dont le souvenir m'est bien doux, et que je me suis appliqué à justifier.

Vous voulûtes bien me dire qu'il ne vous était pas possible de me donner le privilége en ce moment, parce que vous n'étiez pas certain du vote de la subvention, que vous comptiez énergiquement défendre à l'Assemblée nationale; mais vous voulûtes bien encourager mes efforts, me remercier de mon dévouement et m'assurer de tout votre bienveillant concours. Dès le lendemain, l'administration des Beaux-Arts, interprète de votre pensée, voulait bien, de son côté, me confirmer vos bonnes dispositions et me déclarer, en présence de **M.** Masson, dénommé, que je pourrais compter sur les trois douzièmes déjà votés de la subvention 1872.

Tranquille alors sur l'avenir, je m'occupai exclusivement de mener à bien mon exploitation. Je le fis avec mes propres ressources, car n'ayant eu d'abord l'intention d'ouvrir le théâtre qu'en octobre, je ne m'étais précautionné d'une commandite sérieuse que pour cette époque.

Je me crus donc tout naturellement autorisé, vers la fin d'avril, à réclamer de vous l'autorisation de toucher une partie de l'indemnité qui m'avait été promise. Ma lettre resta sans réponse, et mes demarches furent infructueuses.

***

Je n'avais pourtant pas démérité de votre bienveillance, Monsieur le Ministre, et j'eus la satisfaction d'en recueillir de nouvelles preuves, le 28 mai, l'avant-veille de notre clôture, alors que j'eus l'honneur d'aller prendre congé de vous, dans votre loge. Vous voulûtes bien me complimenter sur l'éclat de nos dernières représentations, dont vous trouviez l'ensemble irréprochable, et enfin, m'autoriser à demander à la direction des Beaux-Arts l'à-compte que je sollicitais sur les fonds de la subvention.

A l'appui de la demande que je venais de vous faire, je vous remettais la lettre ci-après, résumant tout ce que j'avais eu l'honneur de vous exposer :

Paris, le 28 mai 1872.

A Monsieur le Ministre des Beaux-Arts.

Monsieur le Ministre,

J'ai l'honneur de vous confirmer la lettre que j'ai pris la liberté de vous adresser le 27 du mois dernier, et dans laquelle je réclamais de votre bienveillance, au titre qu'il vous plairait de me l'accorder, la moitié de la subvention votée par l'Assemblée nationale en faveur du Théâtre-Italien.

A ce sujet, je crois devoir vous rappeler, Monsieur le Ministre, qu'au moment de la réouverture du théâtre, en ajournant ma nomination comme directeur jusqu'au vote de la subvention, vous voulûtes bien confirmer la promesse que me fit l'administration des Beaux-Arts, que je recevrais sur les fonds de 1871 ou sur ceux de 1872, s'ils étaient votés, la juste récompense de mes efforts.

Malgré les nombreuses difficultés qui se présentaient, j'ai ouvert le théâtre fermé depuis deux ans, j'y ai fait revenir la grande société de Paris, j'ai rendu l'animation à un quartier devenu désert, j'ai enfin procuré des moyens d'existence à tout un personnel de plus de deux cents individus qui souffrait d'un si long chômage, et, par ces actes, j'ai autant qu'il m'était possible de le faire, secondé les vues du Gouvernement.

En trente-six représentations, j'ai joué onze opéras et produit trente et un artistes; malgré une pareille activité, cette courte exploitation n'a pas été fructueuse; elle constitue pour moi une perte de fr. 94,748, que vous trouverez exposée dans le compte ci-joint.

Cette perte légitimera certainement à vos yeux et aux yeux de la Commission instituée par vos soins, la généreuse intervention du Gouvernement.

Il me reste à vous prier, Monsieur le Ministre, de vouloir bien donner les instructions nécessaires pour qu'une partie de la somme qui doit être allouée, soit mise à ma disposition pour la fin de ce mois, qui termine la saison. Tous mes artistes, les choristes, le personnel du théâtre enfin, s'éloignant immédiatement de Paris, il me serait difficile pour les régler d'augmenter l'avance déjà considérable que j'ai faite les mois précédents.

Dans cette situation, Monsieur le Ministre, je prends donc la liberté de faire à votre bienveillance un appel qui, je l'espère, sera entendu.

Veuillez agréer,

Monsieur le Ministre,

l'assurance de mon profond respect et de mon dévouement.

Signé : A. VERGER.

THÉATRE ITALIEN

Exploitation de la saison Mars, Avril et Mai 1872.

1°   DÉPENSES

Location de la salle et frais du bail.	22.500	»
Assurances	8.539	05
Administration, Personnel........	15.200	»
Artistes......................	119.105	»
Orchestre....................	20.500	»
Choristes et Comparses..........	15.450	»
Machinistes..................	5.401	25
Décors et Costumes.............	9.846	25
Eclairage et Chauffage	11.500	»
Publicité	8.637	10
Restauration de la Salle et Frais divers de toute nature.........	12.000	»

2°   RECETTES

Abonnements	72.429	»
Location et Bureaux de vente....	76.500	82
(Moins deux recettes, mardi 28 et jeudi 30, estimées à)..........	5.000	»
	248.678 65	153.929 82
Déficit		94.748 »
Balance	248.678 65	248.678 65

Le lendemain, 29 mai, je me rendis à la direction des Beaux-Arts, confiant dans le résultat de ma démarche. Là, j'appris que la Commission des théâtres avait émis un avis très favorable au paiement d'une allocation en ma faveur, pour les trois mois de mon exploitation ; mais qu'elle avait émis aussi un avis favorable à la nomination de M. L..., candidat inattendu à la direction du Théâtre-Italien. C'était la première fois que j'entendais parler de ce concurrent, et j'ignorais complétement que la Commission dût traiter cette question dans une de ses réunions. La direction des Beaux Arts, où je me rendais très fréquemment, ne m'en avait jamais parlé ; sans cela, je me serais empressé de faire valoir auprès d'elle mes droits à ce privilége qui résultaient des promesses qui m'avaient été faites par votre administration.

Cependant je laissai de côté cette grave question, me réservant d'y revenir ultérieurement, et mon insistance auprès de M. le Directeur des Beaux-Arts n'eut pour objet que le paiement de la somme me revenant et qui m'était nécessaire pour régler avec mes artistes et mon personnel les comptes de la saison qui venait de finir.

Mes démarches, mes prières furent sans effet. Malgré ses promesses et l'autorisation que vous m'aviez donnée, l'administration des Beaux-Arts se retrancha derrière un cas d'impossibilité que je dus considérer comme une fin de non recevoir, et, sous l'impression d'un refus qui menaçait de me créer une situation fort grave, j'eus l'honneur de vous écrire la lettre suivante :

Paris, le 7 juin 1872.

A Monsieur le Ministre des Beaux-Arts.

Monsieur le Ministre,

Lorsque j'eus l'honneur de vous voir à la dernière représentation du Théâtre-Italien, vous voulûtes bien m'inviter à m'adresser à la direction des Beaux-Arts pour obtenir le paiement de la somme qui devait m'être allouée pour l'exploitation de cette saison. M. le Directeur ayant fini par opposer un refus formel à mes nombreuses et pressantes démarches, je viens de nouveau m'adresser à vous pour obtenir l'exécution d'une promesse qui m'a été faite dans des conditions que je crois utile de vous rappeler.

Au mois de février dernier, alors que je venais de signer avec le propriétaire de la salle Ventadour un bail de dix ans et sept mois, qui avait été communiqué à la direction des Beaux-Arts et approuvé par elle, rien ne m'obligeait à ouvrir le théâtre avant le mois d'octobre prochain. Cependant, devant les pressantes sollicitations de MM. Ch. Blanc et de Beauplan, qui considéraient avec raison cette réouverture comme le seul moyen de sauver la subvention du Théâtre-Italien, compromise par un chômage prolongé, sur la promesse formelle que me firent ces messieurs de m'attribuer les trois douzièmes votés de la subvention de 1872, je me décidai à seconder les vues de l'administration et j'ouvris le théâtre. Je le fis surtout en considération du concours que l'on ne me marchandait pas alors, et dont vous voulûtes bien vous-même me donner l'assurance lorsque j'eus l'honneur de vous voir le jour de l'ouverture.

Pendant cette laborieuse saison de trois mois dont j'ai eu l'honneur de vous remettre le bilan, qui se règle par une perte de 94,000 fr., courageusement supportée par moi en vue de l'avenir, je ne crois pas avoir démérité. Vous avez été témoin de nos efforts en assistant au plus grand nombre de nos représentations, et vous avez bien voulu m'en témoigner toute votre satisfaction.

Cependant, Monsieur le Ministre, la direction des Beaux-Arts me refuse aujourd'hui le paiement d'une somme qui ma été promise, et qui par ce fait m'est due. Elle motivait d'abord son refus sur son obligation de ne donner les fonds de la subvention qu'en imposant au bénéficiaire la reprise du matériel de M. Bagier.

J'ai levé cette difficulté en consentant, comme détenteur du bail de la salle Ventadour, à subir cette onéreuse condition. J'espérais, en agissant, ainsi mettre un terme aux exigences de la direction des Beaux-Arts. Il n'en a rien été. M. de Beauplan m'a déclaré qu'il me fallait encore obtenir le désistement de M. Bagier de l'instance ayant pour but de rendre l'administration responsable des conséquences pour lui de la fermeture du théâtre pendant la guerre.

Cette prétention nouvelle et inattendue de me faire intervenir dans une question qui m'est tout à fait étrangère, me prouva qu'il y avait là un parti pris d'hostilité à mon égard, et je renonçai alors à poursuivre ma réclamation devant la direction des Beaux-Arts.

Je viens donc de nouveau m'adresser à vous, Monsieur le Ministre, que l'on veut rendre responsable des mesures arbitraires que l'on prend à mon égard, certain qu'un esprit aussi libéral et aussi éclairé que le vôtre ne saurait les approuver. Confiant dans votre impartialité, j'ai l'honneur de solliciter de votre bienveillance l'exécution de la promesse qui m'a été faite sans conditions, qui a été sanctionnée par l'avis favorable de votre Commission des théâtres, et sur laquelle j'ai dû compter. En faisant droit à ma demande, Monsieur le Ministre, vous ferez acte de justice et je vous en aurai la plus vive reconnaissance.

Veuillez agréer,

Monsieur le Ministre,

La nouvelle assurance de mon respect et de mon dévouement.

Signé : A. VERGER.

Quelques jours après vous me répondiez ces mots :

Paris, le 13 juin 1872.

Monsieur,

Dans une lettre en date du 7 juin courant, vous accusez l'administration des Beaux-Arts *d'un parti pris d'hostilité à votre égard*, parce qu'elle hésite à présenter à ma signature l'ordonnancement d'une *indemnité*.

J'apprends en même temps que, dans une note adressée à vos artistes, vous parlez de nouveaux retards dans le versement de la *subvention*.

Vous n'avez pas de droits à la subvention, n'ayant pas été nommé directeur privilégié. L'administration cherche, sans aucun parti pris et sans aucune hostilité, s'il sera possible de vous allouer une indemnité. Cette affaire aurait été plus facile à résoudre si nous n'étions exposés à des réclamations de la part de M. Bagier, avec lequel vous n'avez malheureusemen t pu vous mettre d'accord, pour le rachat de son matériel.

Recevez, Monsieur, l'assurance de ma considération distinguée,

Le Ministre de l'Instruction publique, des Cultes et des Beaux-Arts,

Jules Simon.

***

Permettez-moi de vous faire observer, Monsieur le Ministre, que ma lettre du 7 courant allait au devant de votre observation relative à M. Bagier, puisqu'à la direction des Beaux-Arts même, ainsi que je vous le dis plus haut, j'avais déclaré à M. Bagier que j'étais prêt à lui reprendre son matériel dans les conditions du cahier des charges; et en agissant ainsi, je faisais acte de la plus grande condescendance vis-à-vis de votre administration puisque je n'étais tenu de prendre ce matériel qu'à la condition d'être nommé aux lieu et place de M. Bagier. S'il y avait désaccord, il ne provenait que de ce dernier, qui voulait imposer aux propriétaires l'obligation de prendre en paiement des réparations auxquelles il est tenu la somme que nous étions destinés à lui servir.

Permettez-moi d'ajouter encore, Monsieur le Ministre, que j'avais bien le droit de faire connaître à mes artistes les causes d'un retard auquel ils n'ont pas été habitués, et si j'ai qualifié du nom de *subvention*, la somme dont le versement m'était promis, c'est que je me suis toujours considéré comme directeur de fait, la direction des Beaux Arts, en la personne de M. de Beauplan, m'ayant dit (veuilez m'excuser de le répéter) que vous ajourniez ma nomination jusqu'au vote de la subvention, et que cette subvention me serait attribuée si j'ouvrais le théâtre avant l'époque fixée par mon bail. M. l'administrateur de la salle Ventadour, intéressé à la question, était présent lorsque M. de Beauplan me fit cette déclaration. J'en appelle à la mémoire de ces deux messieurs.

Aujourd'hui, grâce à de nouveaux sacrifices personnels, j'ai fait face à tous mes engagements, et je viens de nouveau solliciter de votre bienveillance l'exécution des promesses qui m'ont été faites et sur lesquelles je me suis cru en droit de compter, ayant tout fait pour mériter ce qui m'était promis, et ayant vu mes efforts appréciés, mes projets encouragés par votre administration.

En ce qui concerne la subvention, j'ai la certitude d'avoir rempli toutes les conditions du programme qui m'avait été tracé; j'ai même été au delà, en consentant de mon propre mouvement à reprendre le matériel de M. Bagier, et à vous débarrasser ainsi de préoccupations plus ou moins fondées. J'ai donc la ferme confiance que rien ne s'opposera plus à ce que vous me mettiez à même de toucher la somme qui me revient.

Je reviens maintenant, Monsieur le Ministre, à la question du privilége.

Je regrette bien vivement de n'avoir pas été prévenu que cette question devait être agitée dans la séance du 27 mai dernier de la Commission des théâtres, j'aurais prié MM. les membres de cette Commission de vouloir bien m'entendre, et à toutes les considérations que j'ai eu l'honneur de vous exposer dans le courant de ce mémoire, j'aurais ajouté les observations suivantes :

Mon compétiteur, M. L., n'a pas de salle pour exploiter le privilége qui lui serait accordé. J'en ai une, et j'ai rempli à cette heure, vis-à-vis du propriétaire, toutes les conditions qui doivent m'assurer mon bail pour dix ans.

Permettez-moi, Monsieur le Ministre, d'insister sur cette question de « la salle » ; elle est d'une importance capitale dans la circonstance et intéresse non seulement le présent, mais l'avenir du Théâtre Italien.

Cette salle, je l'ai. Le bail m'en est assuré, comme je viens d'avoir l'honneur de vous le dire; mais, avant toute chose, j'ai tenu à établir, en rappelant les faits, qu'en louant la salle Ventadour je n'ai pas eu, comme on pourrait le croire, et comme quelques personnes l'ont cru, la moindre intention de lier l'administration, d'exercer une pression quelconque sur ses décisions, de me faire une position insolente vis-à-vis le Ministre et le mettre dans la nécessité de me choisir quand même. Cette façon d'agir eût été une manœuvre dont je me déclare incapable, à laquelle je n'ai jamais pensé, et qui, si j'avais pu en concevoir un instant l'idée, eût été bien naïve, car j'offrais à la direction des Beaux-Arts le moyen de la dejouer en lui communiquant mon bail, en la consultant sur mes projets, en n'agissant qu'après avoir pris ses avis, en la tenant au courant de tous les arrangements que je croyais pouvoir prendre. Avec un mot elle pouvait m'arrêter. — Une simple réserve sur l'avenir aurait suffi pour me faire réfléchir. — Instruite par moi, tenant en main tous les documents nécessaires, en relations avec le propriétaire de la salle, elle était parfaitement libre de faire introduire dans le bail telle restriction qui l'eût annulé, dans le cas qui se présente aujourd'hui et que l'on ne prévoyait pas alors. — Averti que le Ministre entendait se réserver le droit de nommer le directeur, le propriétaire n'eût consenti qu'un bail conditionnel : — rien n'eût été plus simple et plus facile. Dans ce cas, alors, ma conduite se trouvait toute tracée : — j'aurais attendu ma nomination avant d'ouvrir. — Et si elle m'eût été refusée, je me serais retiré devant mon concurrent victorieux..... mais je n'aurais pas pris d'engagements; mais je n'aurais pas ouvert au mois de mars; mais je n'aurais pas perdu près de cent mille francs, — et je ne me trouverais pas aujourd'hui dans la nécessité de poursuivre mon exploitation et de travailler à réparer mes pertes.

Je suis donc en possession de la salle, je le suis forcément.... Mon compétiteur, lui, n'a pas de salle. Il est vrai que cela ne paraît pas l'embarrasser. Il en bâtira une, soit. Mais qu'il me soit permis, au simple point de vue des intérêts administratifs et de l'avenir du théâtre, qu'il me soit permis de dire que cette nouvelle salle coutera cher. Je l'estime à 4 ou 5 millions... soit, 200,000, à 250,000 fr. de loyer. Or, le loyer actuel est déjà bien lourd. — En l'augmentant on compromet l'avenir, — on rend la subvention insuffisante, on risque de placer l'administration dans l'alternative ou de demander au pays un supplément d'allocation, de grever inutilement le budget, ou d'abandonner le théâtre à la ruine.

Le Théâtre-Italien n'est donc possible qu'à la salle Ventadour... Or, peut-on venir me demander aujourd'hui, au nom et dans l'intérêt d'un compétiteur qui n'a couru aucun risque, de renoncer au bail qui m'a été concédé, dont j'ai rempli les conditions, que j'ai signé du consentement de l'administration, qui d'ailleurs m'oblige autant qu'il oblige les propriétaires ? Faut-il que j'accepte purement et simplement ma ruine, que je fasse faillite à tous mes engagements, que je cède enfin la place à un rival à qui je n'aurai servi qu'à préparer les voies, et qui ne se présente qu'au moment où j'ai, à mes dépens et par mes sacrifices, aplani la plus grande partie des difficultés de la situation !

En tout état de cause, je suis prêt — et il ne l'est pas; — j'ai la salle — et j'ai la troupe.

Grâce à mon Agence de Paris et de Londres, et à mes relations qui sont nombreuses, j'ai pu, non sans de grands efforts et à des conditions onéreuses, réunir une Compagnie qui ne laissera rien à désirer pour l'hiver prochain ; et j'ai le droit de dire que les engagements faits à cette heure par toutes les grandes directions d'Europe et d'Amérique rendent impossible de former actuellement une troupe digne de Paris, en dehors de celle que j'ai constituée.

Mon compétiteur se propose, dit-on, de jouer tous les jours, à l'aide d'une double troupe italienne et française. Je crois la chose très difficile, à cause des exigences du service des répétitions. Je crois aussi qu'un troisième théâtre lyrique, près de l'Opéra et de l'Opéra-Comique, aurait le sort de l'Athénée. Le projet dont je me suis préoccupé serait plus praticable. Il consisterait à créer un Opéra populaire pour développer chez le peuple le goût de la grande musique et faire concurrence aux cafés chantants. Je puis y arriver à l'aide de mon matériel, de ma bibliothèque musicale et d'une partie de mon personnel. Je me suis déjà mis en rapport à ce sujet avec le propriétaire d'une fort belle salle, située dans l'un des quartiers les plus populeux.

On me dit encore que mon compétiteur a des ressources beaucoup plus considérables que les miennes. Mais vous ignorez sans doute, Monsieur le Ministre, que j'ai constitué mon entreprise au capital d'un million, qui a été souscrit, et dont je justifierai.

Enfin, mon compétiteur est entrepreneur de travaux publics, me dit-on, où ses aptitudes sont grandes. Mais les miennes ont toujours été consacrées à l'art lyrique. Fils et frère d'artistes distingués, je suis depuis seize ans à la tête de la première Agence dramatique italienne de Paris et de Londres ; j'ai fait les engagements des plus grandes directions italiennes. J'ai concouru à l'organisation de nombreux théâtres en Italie ; j'ai moi-même dirigé, pendant plusieurs années, le Lyceum de Barcelone, ce qui m'a valu du roi d'Italie et du roi d'Espagne des récompenses honorifiques, que je suis d'autant plus fier de porter que je sais les avoir méritées.

Un dernier mot, Monsieur le Ministre, pour terminer cette lettre déjà fort longue. Dans le bilan de cette courte exploitation que j'ai eu l'honneur de vous soumettre plus haut, vous avez pu reconnaître que j'ai perdu près de cent mille francs : c'était prévu, nous le savions tous. Mais je n'ai consenti à assumer une charge aussi lourde que sur la promesse d'une allocation équivalente à la subvention, et d'un concours pour l'avenir qui devait me permettre de réparer mes pertes. Elles sont en effet destinées à entrer en ligne de compte dans l'exploitation des dix années de bail, qui commencera le 1er octobre prochain.

J'ai donc l'espoir, Monsieur le Ministre, que toutes ces considérations vous décideront à ne me refuser ni la subvention qui m'est nécessaire, ni votre concours auquel j'attache le plus grand prix. Vous ne voudrez pas que toute la confiance que j'ai mise en vous soit cause de ma ruine et de la perte de mon honneur commercial.

Veuillez agréer,

Monsieur le Ministre,

La nouvelle assurance de mon profond respect et de mon entier dévouement.

A. VERGER.